DESSINS ANCIENS

ENCADRÉS

École française

ET AUTRES

PLUSIEURS RELATIFS

A MARIE-ANTOINETTE

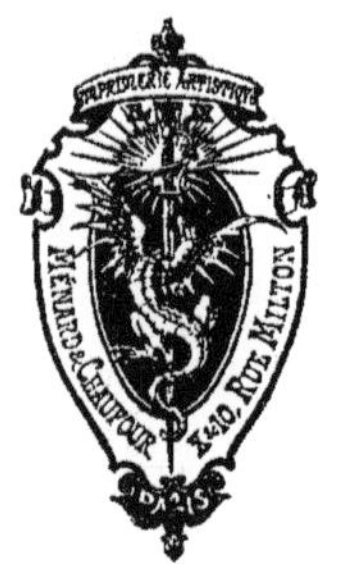

IMPRIMERIE ARTISTIQUE
MÉNARD & CHAUFOUR
10, RUE MILTON
PARIS

DESSINS ANCIENS

ENCADRÉS

École française

ET AUTRES

PLUSIEURS RELATIFS

A MARIE-ANTOINETTE

CONDITIONS DE LA VENTE

Elle sera faite au comptant.

Les acquéreurs paieront *cinq pour cent* en sus des enchères.

Étude de Me **Sanoner**, Commissaire-Priseur

4, *Square Labruyère*

VENTE

Aux enchères publiques

DE

DESSINS ANCIENS

ENCADRÉS

École française

ET AUTRES

PLUSIEURS RELATIFS

A MARIE-ANTOINETTE

Dont la vente aura lieu

HOTEL DROUOT — SALLE N° 9

Le Jeudi 23 Novembre 1899

A 2 HEURES 1/2 PRÉCISES

Me SANONER	**M. E. GANDOUIN**
COMMISSAIRE-PRISEUR	EXPERT
Square Labruyère, 4	40, Avenue Wagram

Chez lesquels se distribue le Catalogue

EXPOSITION PUBLIQUE

LE MERCREDI 22 NOVEMBRE 1899

DE 1 HEURE 1/2 A 5 HEURES 1/2

DÉSIGNATION

BACHELIER

(Jacques)

1 — *Chasseur chargeant son fusil.*

Il est accompagné d'un servant et de deux chiens.

Plume et lavis.
Cadre bois sculpté.

BENARD

2 — *Sacrifice à l'autel de l'Amour.*

Plume et lavis.
Cadre ancien du temps.

BÉRICOURT

3 — *Bivouac et Camp militaire.*

Curieuses scènes des camps de l'époque Louis XVI.

Plume et lavis.
Cadre bois sculpté du temps.

BOISSIEU

(JEAN-JACQUES de)

4 — *Portrait d'homme.*

Plume et lavis.

BOUCHER

(FRANÇOIS)

5 — *Femme nue.*

Très beau dessin à la pierre noire rehaussée.
Cadre bois sculpté.

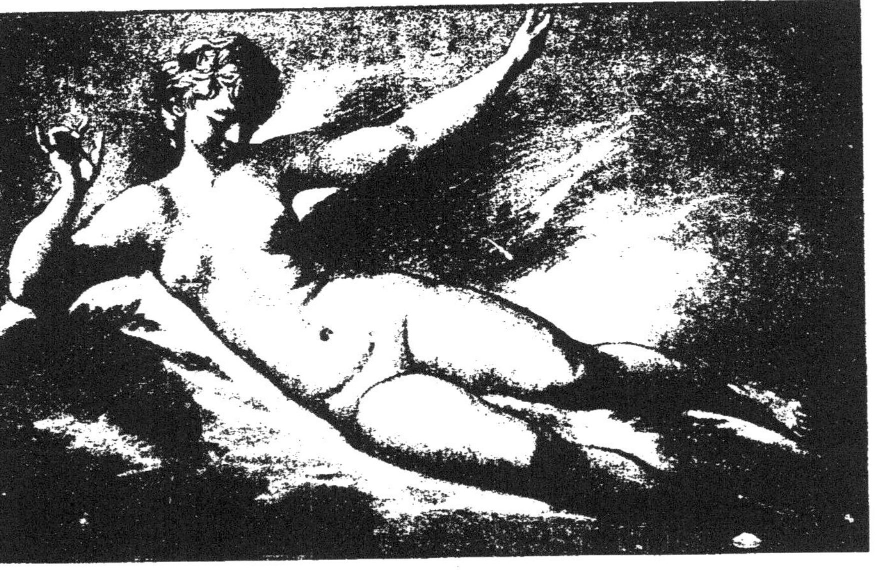

Nᵒ 5. — BOUCHER (François)

BOUCHER

(François)

5 *bis* — *Le Pont de pierre.*

Sur le pont, berger et troupeau ; au premier plan,
barque portant des personnages.

Pierre noire rehaussée.
Cadre bois sculpté du temps.

BOSIO

(Attribué à)

6 — *Guinguette en 1799.*

Une salle éclairée par un lustre primitif, à quatre
lumières, est encombrée de personnages dansant,
causant, de musiciens et de servants.

Scène de mœurs curieuse, exécutée à la plume et au lavis,
sur papier gris.
Cadre ancien sculpté.

BOULLONGNE

(Bon)

7 — *L'Olympe.*

Motif pour plafond.

Pierre noire.

CASANOVA

8 — *L'Abreuvoir.*

Près d'une ferme en ruines, bergers, dont le troupeau boit à une fontaine.

Aquarelle. — Signé.
Cadre ancien.

CASANOVA

9 — *La Rue Saint-Honoré sous Louis XV.*

Encombrée de carosses, chevaux, cavaliers et piétons.

Crayon et bistre.

CHERON

10 — *Tête de Bacchante.*

Pierre noire et crayons de couleur.
Signé.

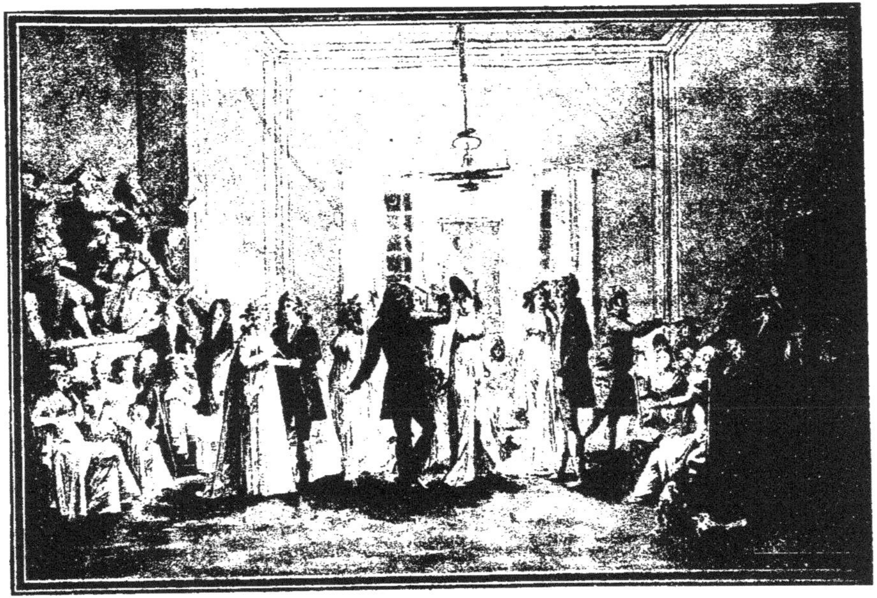

N° 6. — BOSIO (Attribué à)

CIRO FERRI

11 — *Sainte Balbine.*

Pierre noire rehaussée.

CLÉRISSEAU

12 — *Aqueduc près de Rome.*

Sanguine.

COCHIN
(Charles-Nicolas)

13 — *L'Amour.*

Précieux dessin à la mine sur vélin.
Cadre bois sculpté.

COYPEL

(Charles)

14 — *Tête de jeune fille.*

> Pastel.
> Cadre ancien.

DAVID

(Louis)

15 — *Dame Napolitaine.*

> Plume et aquarelle.
> Signé. Daté 1778.
>
> *NOTA. — Ce dessin et le suivant ont été exécutés lors du voyage de cet artiste à Pompéi*

DAVID

(Louis)

16 — *Paysanne des environs de Naples.*

> Plume et aquarelle.
> Signé. Daté 1778.

DEBUCOURT

17 — *La Noce au Château.*

Importante composition avec variantes de cette célèbre composition.

Dessin à la mine.

DEMACHY

(Pierre)

18 — *Ruines romaines et personnages.*

Gouache octogone.
Cadre bois sculpté.

DOW

(Composition de Gérard)

19 — *L'épicière de Village.*

Remarquable dessin à la sépia, exécution d'une précieuse finesse, par Duchemin.

DUCANEL

20 — *Allégorie.*

Plume, lavis, aquarelle.
Signé.
Dessin imité de Cochin, avec l'incription :
*Solennité des mariages célébrés suivant l'intention du
Roi ; par la Ville de Paris, à la naissance du Duc de
Bourgogne en 1751.*

DUPLESSIS-BERTAUX

21 — *Tambour-major et Voltigeur.*

Mine de plomb.
Cadre bois sculpté.

DURAMEAU

22 — *Pastorale.*

Groupes de bergers et bergères.

Plume et aquarelle.

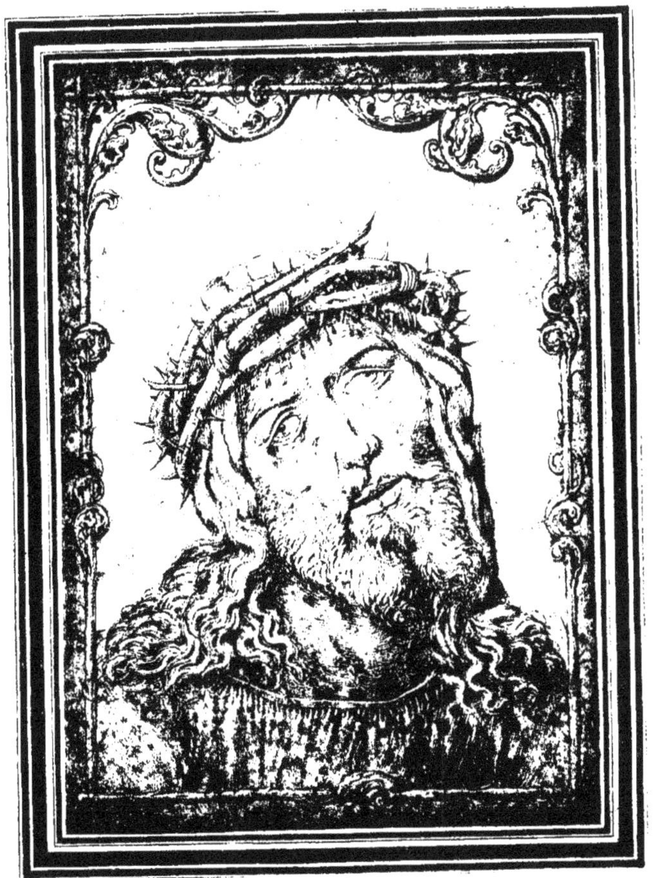

Nᵒ 23. — DÜRER (Albert

DURER

(ALBERT)

23 — *Tête de Christ couronnée d'épines.*

> Ce précieux dessin est exécuté au roseau et à l'indigo
> sur une feuille apprêtée au blanc teinté bleu. Les
> blancs sont obtenus par un grattage à la pointe — la
> surface est devenue très friable.
> Signé du monogramme.
> Cadre ancien bois sculpté.

DUTAILLY

24 — *Vue de France.*

> Joli paysage à la gouache. — Signé.
> Cadre ancien.

DYCK

(Ecole de ANTOINE VAN)

25 — *Portrait de femme en pied.*

> Pierre noire.
> Cadre bois sculpté.

ÉCOLE FRANÇAISE XVIIIᵉ SIÈCLE

26 — *Mariage de Marie-Antoinette.*

> Feuille de vélin peinte à la gouache.
> Dans un cadre peint aux armes de France et d'Autriche
> avec attributs royaux, emblèmes divers, date du ma-
> riage et liste en deux colonnes des personnages qui
> ont signé pour Louis XVI alors Dauphin et pour
> Marie-Antoinette, ceux qui l'avaient accompagnée en
> France.
> Cadre bois sculpté doré.

ÉCOLE FRANÇAISE XVIIIᵉ SIÈCLE

27 — *Pierre Seigneur.*

Ce personnage est représenté dans son cabinet,
assis, appuyé sur un bureau.

> Aquarelle.

ÉCOLE FRANÇAISE ÉPOQUE DE 1818

28 — *Vue de Paris.*

La vue est prise des côteaux de Passy et de l'ancienne propriété Delessert. L'on voit le pont d'Iéna
avant les statues et sur le Champ de Mars une course
de chevaux.

> Gouache.
> Cadre du temps.

ÉCOLE FRANÇAISE XVIIIe SIÈCLE

29 — *Portrail de femme.*

> Pastel.
> Cadre ancien.

ÉCOLES DIVERSES

30 — Album relié en vélin à filets dorés contenant seize dessins anciens à la plume, bistre, pierre noire, lavis, etc., etc.

ÉCOLES DIVERSES

31 — Album reliure rouge gaufrée, dorée aux petits fers, contenant 105 dessins, pierre noire, sanguine, plume, lavis, etc., etc.

ÉCOLES DIVERSES ANCIENNES

32 — Album relié en toile contenant 120 dessins à la
plume, sépia, bistre, pierre noire, etc., etc.

FRAGONARD

(Honoré)

33 — *Fontaine à la villa Médicis.*

Plume et bistre.

FRAGONARD (Honoré) et MARCHAND

34 — *L'Heureux moment.*

Remarquable dessin à la mine et aquarellé par le maître.
Ce dessin a servi pour la reproduction gravée par Mar-
chand.
Cadre bois sculpté doré du temps.

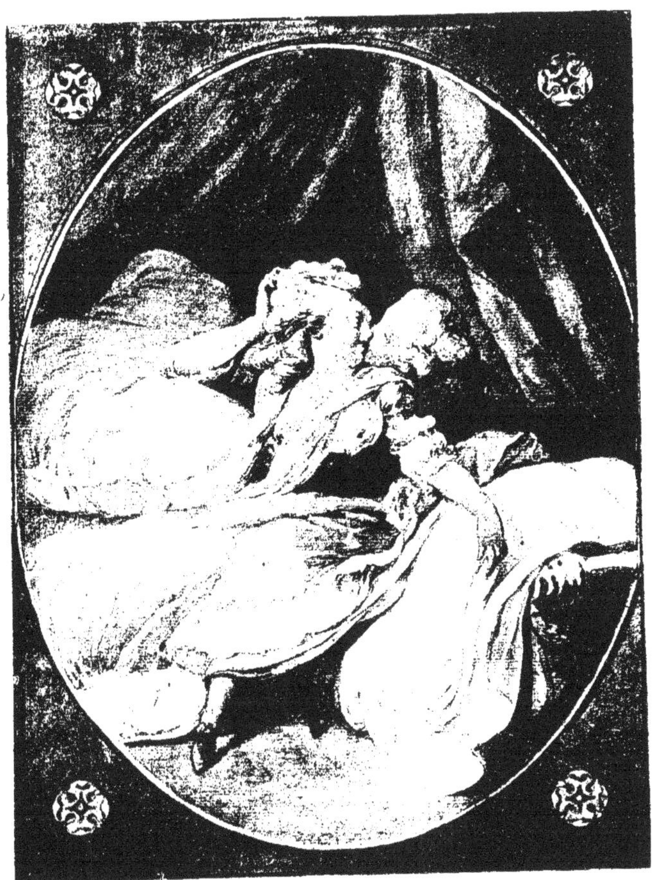

Nᵒ 34. — FRANGONARD (Honoré) ET MARCHAND

FRAGONARD

(Attribué à H.)

35 — *On ne s'avise jamais de tout.*

Plume et lavis sur vélin.

GAULT

(C. de)

36 — *Enfant jouant et précepteur.*

Crayon noir.

GOIS

37 — *Le Sénat romain recevant un conquérant.*

Plume et lavis.
Signé, an VII.

GOSSE

38 — *Napoléon Ier.*

> Vu en buste, la tête laurée en costume du sacre.
> Sépia.
> Cadre en bois marqueté.

GRAVELOT

(Hubert)

39 — *Deux culs de lampe avec amours.*

> Charmants dessins.
> Crayon, plume et lavis.

GREUZE

(Jean-Baptiste)

40 — *Tête de fillette.*

> Sanguine.

GREUZE

(Jean-Baptiste)

41 — *Torse d'homme couché sur une roche.*

Très belle étude.
Pierre noire, rehaussée.

HIECKEL

42 — *Jeune femme tenant un livre.*

Pierre noire, rehaussée.
Cadre, bois sculpté.

HUET

(Jean-Baptiste)

43 — *Cour de ferme.*

A la sanguine.
Dessin d'une exécution précieuse. Signé. Daté 1771. —
A été reproduit à la sanguine par Demarteau.

HUET

44 — *Berger jouant avec son chien et moutons.*

> Sur papier gris.
> Pierre noire, rehaussé. Signé et portant l'inscription : A
> Madame HUET, 1785.
> Très beau cadre en bois sculpté doré.

HUET

(Attribué à J.-B.)

45 — *Gueux et enfant.*

> Plume et lavis.

LAGRENÉE

(LE JEUNE)

46 — *Mentor dans l'île de Calypso.*

> Pierre noire, rehaussée.
> Signé. Daté 1799.

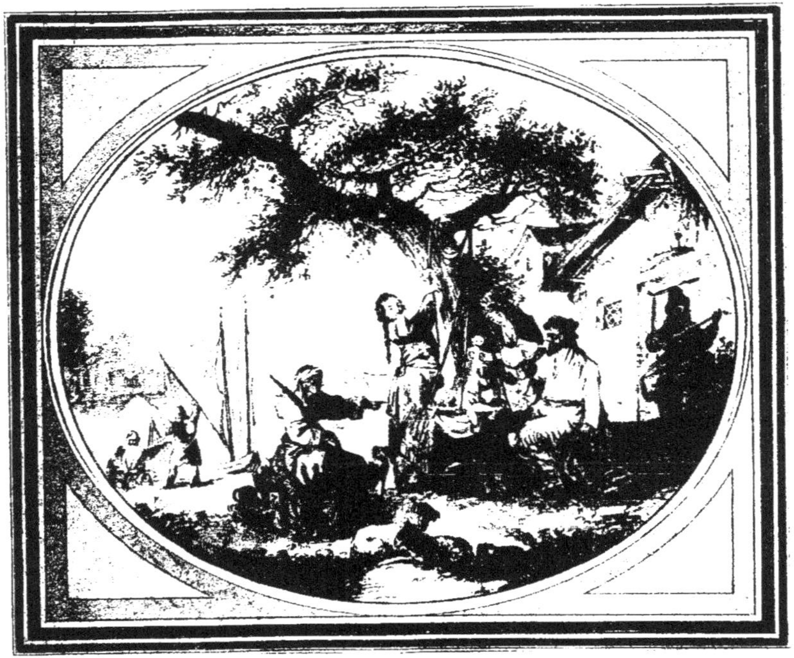

Nᵒ 50. — LEPRINCE (Jean-Baptiste

LE LORRAIN

47 — *Feuille de frontispices.*

> Têtes de pages.
> Plume et lavis.
> Cadre, bois sculpté.

LE MIRE

48 — *L'Amour et la Science.*

> Précieux dessin sur vélin.
> A la mine.

LEMOINE

(François)

49 — *Femme assise.* (Académie)

> Pierre noire, rehaussée.

LEPRINCE

(Jean-Baptiste)

50 — *Le Berceau russe.*

> Importante composition exécutée à l'aquarelle sur son
> montage du temps.
> Cadre bois sculpté ancien.

LUCAS de LEYDE

51 — *Tête d'un Roi mage.*

> Plume.
> Dessin d'une rareté extrème.
> Cadre en ébène du XVIᵉ siècle, garni en argent ciselé.

MARESCHAL

52 — *Le jardin du Roi à Versailles.*

> Au lavis de bistre.
> Cette jolie partie du parc de Versailles est d'une exécu-
> tion remarquable et ornée de nombreuses figures et
> chaises à porteurs.
> Cadre ancien.

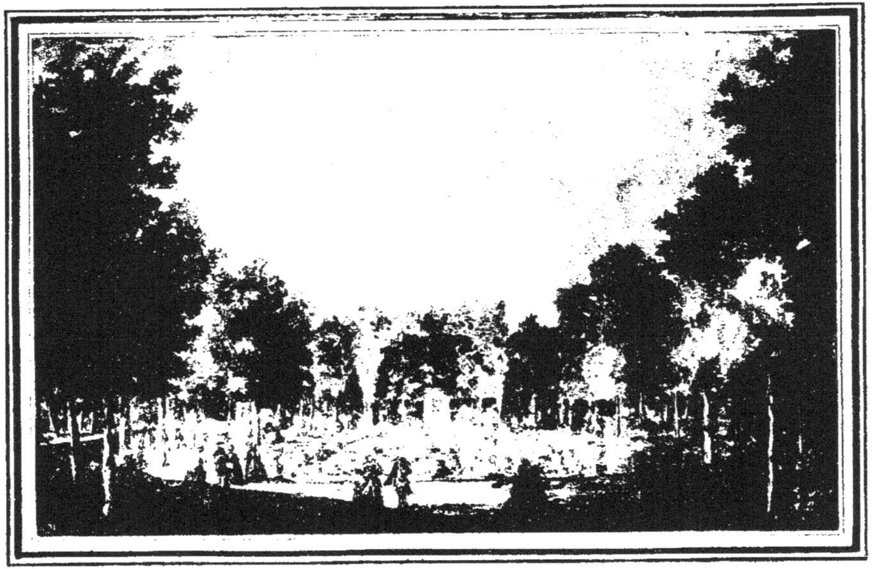

N° 52. — MARESCHAL

MARTINET

53 — *L'Ecole de Brienne.*

Curieux dessin à l'aquarelle.

MONNET

(CHARLES)

54 — *Scènes de l'histoire romaine.*

Cinq dessins, plume et lavis, avec culs-de-lampe exécutés
de même.
Ont été gravés,

MONNET

(CHARLES)

55 — *Sacrifice à Jupiter.*

Dessin à la plume et au lavis. Signé.
Cadre, bois sculpté doré.

MOREAU

(Le jeune)

56 — *Intérieur de parc.*

Au pied d'un groupe d'arbres, deux dames assises semblent choisir des fleurs.

Bistre et lavis.
Cadre ancien, bois sculpté, doré.

MOREAU (Le jeune) et Louis MOREAU

57 — *Représentation du feu d'artifice projeté pour célébrer la naissance du Dauphin fils de Marie-Antoinette en 1781.*

Dessin de Moreau le jeune, aquarellé et gouaché par Louis Moreau. Ex-collection Decaze)

NANTEUIL

(Robert)

58 — *Portrait de Gaston d'Orléans.*

Remarquable et précieux dessin à la sanguine, forme ovale.
Cadre, bois sculpté doré.

NATOIRE

(Charles)

59 — *Triomphe de Bacchus.*

> Très importante composition exécutée à la plume, aquarelle et gouache. Signé.
> Cadre ancien, bois sculpté.

NATOIRE

(Charles)

60 — *Silène, Bacchantes et Bacchants.*

> Plume et lavis.

NIEULANT

(J. Van)

61 — *Paysage agreste et torrent.*

> Plume et lavis.

NILSON

62 — *Rendez-vous de chasse.*

Au pied d'un arbre, une dame assisé tenant son fusil, près d'elle un personnage, ayant chien en laisse.

Pierre noire.

OPIE

63 — *Jeune fille cueillant des roses.*

Dessin à la mine.
Cadre du temps.

PAJOU

(AUGUSTIN)

64 — *La reine Marie-Antoinette montrant le portrait de Louis XVI.*

Remarquable modèle de pendule.

La reine debout, la coiffure surmontée de la couronne royale, tient un sceptre de la main droite et de la gauche, soutient un médaillon représentant le roi en buste, de profil. Ce médaillon est placé sur une sphère terrestre où est un cadran tournant, un amour debout indique l'heure, près de lui deux autres dont un représente Sciences et Arts, l'autre occupé à sculpter le buste de Henri IV, la base de la pendule est ornée de feuillages et d'une lyre.
Cette pendule a dû être exécutée en marbre.
Cet important dessin est à la pierre noire, et les parties de bronze sont peintes en ton d'or ombrées.
Cadre ancienne dorure.

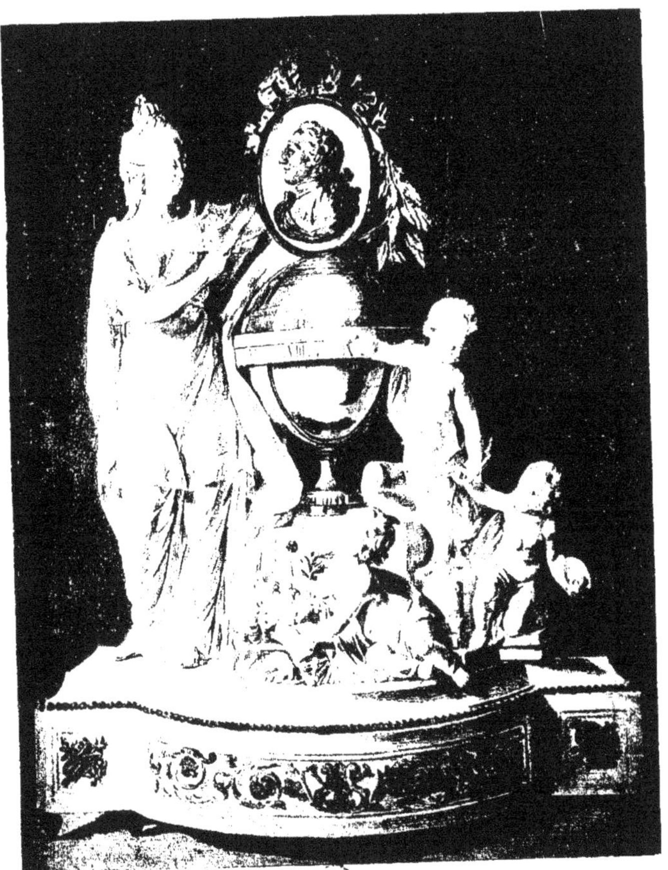

Nº 64. — PAJOU (Augustin)

PILLEMENT

(Jean)

65 — *Paysages.*

Ruines, maisons et personnages au bord d'un cours d'eau.

Pierre noire.
Signé.

PINELLI

66 — Album contenant vingt et un dessins et aquarelles, représentant des scènes de la vie champêtre aux États romains, exécutés vers 1810 d'après la note inscrite en première page.

PODEVIN

67 — *L'Hiver.*

Groupes d'amours attisant un feu.
Pierre noire rehaussée.
Signé.

PUJOS

68 — *Portrait d'homme.*

Vue de profil aux crayons de couleur.

Cadre et encadrement anciens.

QUEVERDO

69 — *Matinée d'une grande dame.*

Assise devant sa toilette, un coiffeur s'occupe d'elle
ainsi que des servantes. Divers autres personnages
dans la pièce.

Plume et lavis.
Cadre bois sculpté.

RAVENSTEIN

(J. Van)

70 — *Portrait de femme.*

Très remarquable dessin à la pierre noire sur vélin.
Cadre bois sculpté.

ROBERT

(Hubert)

71 — *Intérieur d'un souterrain avec nombreuses figures.*

> Plume et lavis.

ROBERT

(École de Hubert)

72 — *Monuments antiques.*

> Plume et aquarelle

SAINT AUBIN

(Charles Germain de)

73 — Chiffre formé par des fleurs, surmonté d'une couronne. Lettres B. C. L. enlacées, reproduit par Marillier.

> Cadre bois sculpté.

SAINT AUBIN

(Gabriel de)

74 — *La Croix substituée à l'autel du Manitou.*

Amérique (frontispice pour le voyage en).

> Ce remarquable dessin à la plume et au lavis, a été repro-
> duit pour le Voyage du Chevalier Bossu, publié en
> 1768.
> Voir les Saint Aubin, par A. Moureau.
> Cadre bois sculpté.

AUBIN

(A. de Saint)

75 — *La Reine Marie-Antoinette.*

Vue de profil.

> Représentée en buste avec une haute coiffure. Dessin
> exécuté à la pierre noire et crayon de couleurs. Mon-
> tage du temps.

SAINT QUENTIN

76 — *Femme nue couchée.*

Vue de dos.

> Sanguine rehaussée.
> Cadre bois sculpté.

SERVANDONI

77 — *Portique dans un parc.*

> Plume et bistre.
> Très beau dessin.

SWEBACH

78 — *Chariot militaire.*

> Crayon, plume et sépia.
> Cadre bois sculpté

TASSAERT

79 — *Louis XV.*

Dessin de la statue exécutée par cet artiste pour l'école de chirurgie (École de Médecine) en 1775, cette statue a été détruite pendant la Révolution.

> Pierre noire.

TAUNAY

(Nicolas-Antoine)

80 — *Foire de Village avec Marchand d'orviétan.*

Crayon, plume et lavis.
Cadre bois sculpté.

TIEPOLO

(Jean-Baptiste)

81 — *Personnage debout*

Plume et lavis
Ex-collection Audouin.

VELDE

(Guillaume Van)

82 — *Vaisseaux par un temps calme.*

Deux croquis.
Plume lavé de bistre.

VERDUSSEN

83 — *Relais militaire.*

Plume et bistre.
Cadre bois sculpté.

VOUET

(Simon)

84 — *Vénus voulant retenir Mars*

Beau dessin à la sanguine.

WATTIER

(Emile)

85 — *Femmes assises dans un parc.*

Plume.

WYLER

86 — *Jeune femme jouant du clavecin, et enfants.*

> Dessin à la mine.
> Cadre bois sculpté.

INCONNU

87 — *Apothéose de Marie-Antoinette.*

La reine est représentée conduite au ciel par un ange qui lui indique le séjour des élus ; au dessous de ce groupe, vue de Paris, tours Notre-Dame, tour du Temple, vue au dessus de l'échafaud.

> Crayon noir rehaussé.

BOUCHER

(François)

88 — *Têtes de paysans, paysannes et enfants.*

> Sanguine.
> Gravé par Demarteau.

BÉNARD

89 — *Paysage et figure.*

Aquarelle, avec sujets pastoraux.

LEDOUX

90 — *Paysage.*

Plume et lavis.

91 — Sous ce numéro les objets omis.

PARIS

IMPRIMERIE ARTISTIQUE

Ménard & Chauffour

8-10, Rue Milton, 8-10

1899

www.ingramcontent.com/pod-product-compliance
Ingram Content Group UK Ltd.
Pitfield, Milton Keynes, MK11 3LW, UK
UKHW031754170726
13836UKWH00002B/991